DA DONNA A DEA

Copyright © 2020
Testi: Cristina Gnoato
Illustrazioni: Cinzia Bianucci
Tutti i diritti riservati.
Codice ISBN: **9781655524509**

DA DONNA A DEA

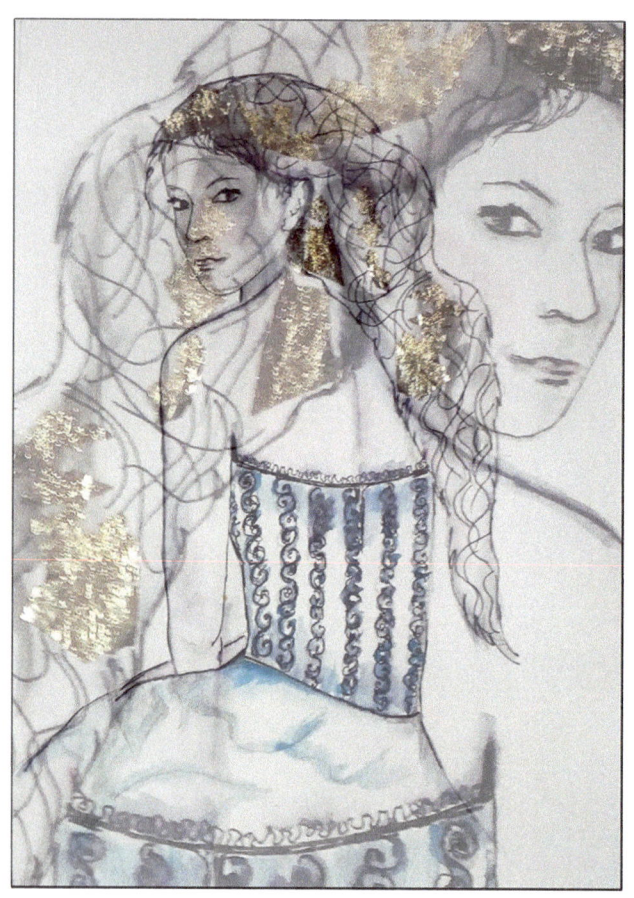

Presentazione

Un libro che rappresenta una chiave di volta per diversi livelli interpretativi sia della vita che ci circonda sia delle persone che riempiono le nostre vite.

Un ' occasione per intraprendere un percorso di conoscenza interiore per giungere ad una comprensione maggiore su chi siamo, con chi ci relazioniamo, come affrontiamo la vita e come possiamo utilizzare tale conoscenza per migliorarci e migliorare i nostri rapporti con gli altri.

Come sostenne il filoso Henri Bergson le immagini che vediamo vengono analizzate dal nostro cervello cercandone un' attinenza nei nostri ricordi per fare scaturire in noi un movimento di sentimenti e coscienza.

La forza di questo libro è la presenza di testi chiari e precisi affiancati dalla rappresentazione grafica degli stessi per supportarli e toccare le coscienze interiori.

Un saggio rivolto alle donne che vogliono conoscere le proprie dee interiori per comprendersi e comprendere meglio, e agli uomini che vogliono indagare sulla propria parte femminile inconscia e imparare a decifrare il difficile mondo femminile.

Chiara Bazzani
Giornalista

Introduzione

Un percorso declinato al femminile

Testi di Cristina Gnoato
Illustrazioni di Cinzia Bianucci

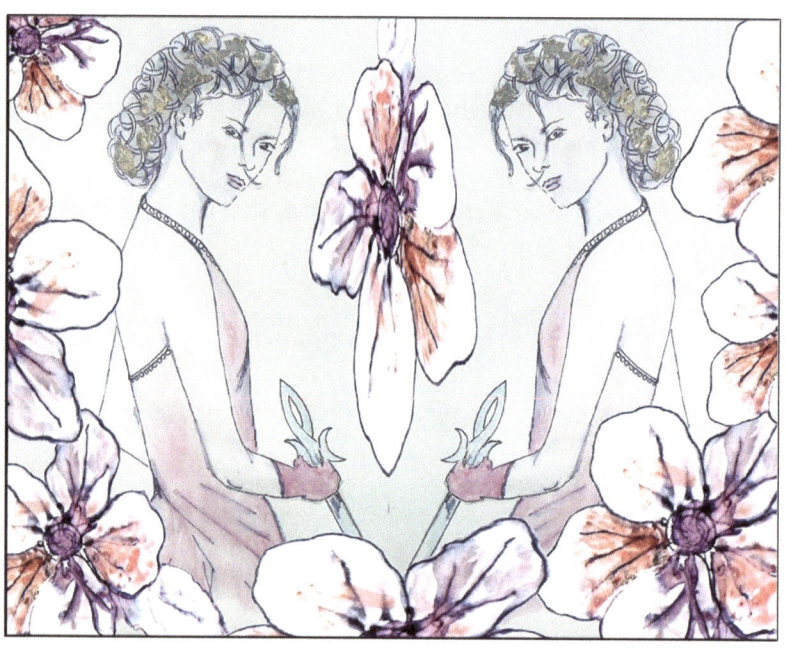

DA DONNA A DEA

In questi anni di lavoro come naturopata ho potuto vedere e sperimentare che dentro ogni donna vive almeno un archetipo di una Dea. Ma che cos'è un archetipo? Viene definito archetipo (da Garzanti linguistica) "modello originario che ha valore esemplare". L'etimologia dal greco è una parola composta *archétypon*, comp. di *arché* 'principio' e *týpos* 'modello'. Nella psicologia analitica, C.G. Jung è andato oltre definendo archetipo un contenuto primordiale, universale presente nell'inconscio collettivo, cioè un'antica memoria, un antico sapere presente in ognuno di noi.

Quest'opera vuole essere per il *femminile* uno strumento per un percorso di ricerca e crescita interiore.
Così ho immaginato un viaggio. Un viaggio attraverso le immagini di donne-dee, femminili diversi ognuno dei quali evoca un pensiero, un'emozione.
E' un viaggio alla scoperta di sé, dentro noi stessi ascoltando antiche voci di dee-donne per ritrovare la propria creatività e sviluppare autoconsapevolezza.

Questo percorso è anche un gioco che ci invita ad incontrare queste divinità, a farle esprimere, ad indossarle, a farle vivere nella vita di tutti i giorni.
E' un percorso di integrazione. A volte dentro di noi emergono i punti di forza dell'archetipo a volte il demone. Armonizzare gli opposti di una dea e armonizzarla con le altre dee che ci abitano vuol dire sviluppare e potenziare la forza del proprio mondo interiore.

Con l'artista Cinzia Bianucci, abbiamo pensato in quest'opera di dare maggiore risalto alle immagini. Troverete quindi le rappresentazioni grafiche delle donne-dee con una breve descrizione del loro potere.
L'inconscio si esprime preferibilmente attraverso le immagini che con il loro grande potere evocativo ci accompagnano nell'osservazione e riconoscimento delle nostre emozioni così che diventino funzionali al nostro percorso evolutivo.

Nota:

Sappiamo che dentro ogni essere umano, uomo o donna che sia, convivono un femminile ed un maschile.
Ci tengo quindi ad invitare gli uomini a prendere in considerazione la possibilità di incontrare questi archetipi femminili per conoscerli ed amarli.
Potrebbe essere un'occasione per comprendere meglio quel mondo femminile che a volte risulta così oscuro e complicato ed amarlo ancora di più se possibile.

Cristina Gnoato

DA DONNA A DEA

Come creativa e osservatrice errante ho raffigurato gli 8 archetipi femminili con un taglio contemporaneo, cercando di coglierne l'essenza primaria.

Raffigurazioni che si scompongono e si riflettono con fantasia e immaginario artistico, metafore e simboli figurativi che ispezionano il femminile e che oscillano tra la natura e i sogni.

Donna ma anche Dea: in un viaggio senza tempo ecco quindi apparire Era, Demetra, Estia, Atena, Artemide, Persefone, Afrodite e la Signora di Avalon,

Una raccolta di tavole per raccontare la Divinità e la sua essenza, un gioco per ritrovarsi in quel doppio riflesso di Dea e di Donna

Cinzia Bianucci

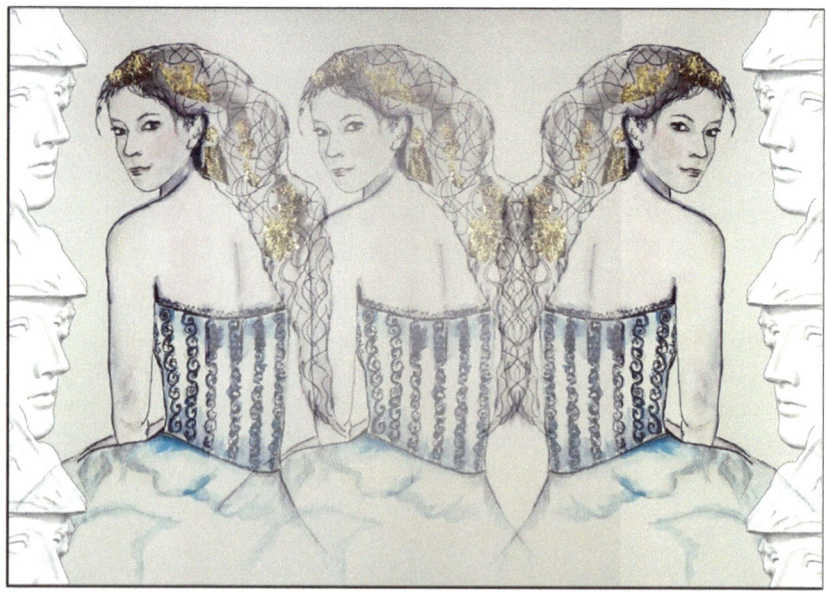

Capitoli

1. ERA – La moglie
2. DEMETRA – La madre
3. ESTIA – Il focolare
4. ATENA – La razionalità
5. ARTEMIDE – L'indipendenza
6. PERSEFONE – La figlia
7. AFRODITE – L'amante
8. LA SIGNORA DI AVALON – La Maga

Capitolo primo

ERA

La moglie

Era, moglie fedele di Zeus che la tradisce più volte, è considerata la sovrana dell'Olimpo.

E' la dea del matrimonio e della fedeltà coniugale, ed è quindi l'archetipo della moglie e del matrimonio.

Per la donna Era la cosa più importante è sposarsi. E' la relazione con il marito l'elemento più importante intorno al quale ruota la sua vita.

Si sente importante e completa solo con un compagno a tal punto che è disposta a portare avanti una relazione che la fa soffrire.

Le qualità della donna Era sono la fedeltà, la determinazione, la costanza, la capacità di reagire ai torti subiti.

Le debolezze invece sono la gelosia e la rabbia non gestita.

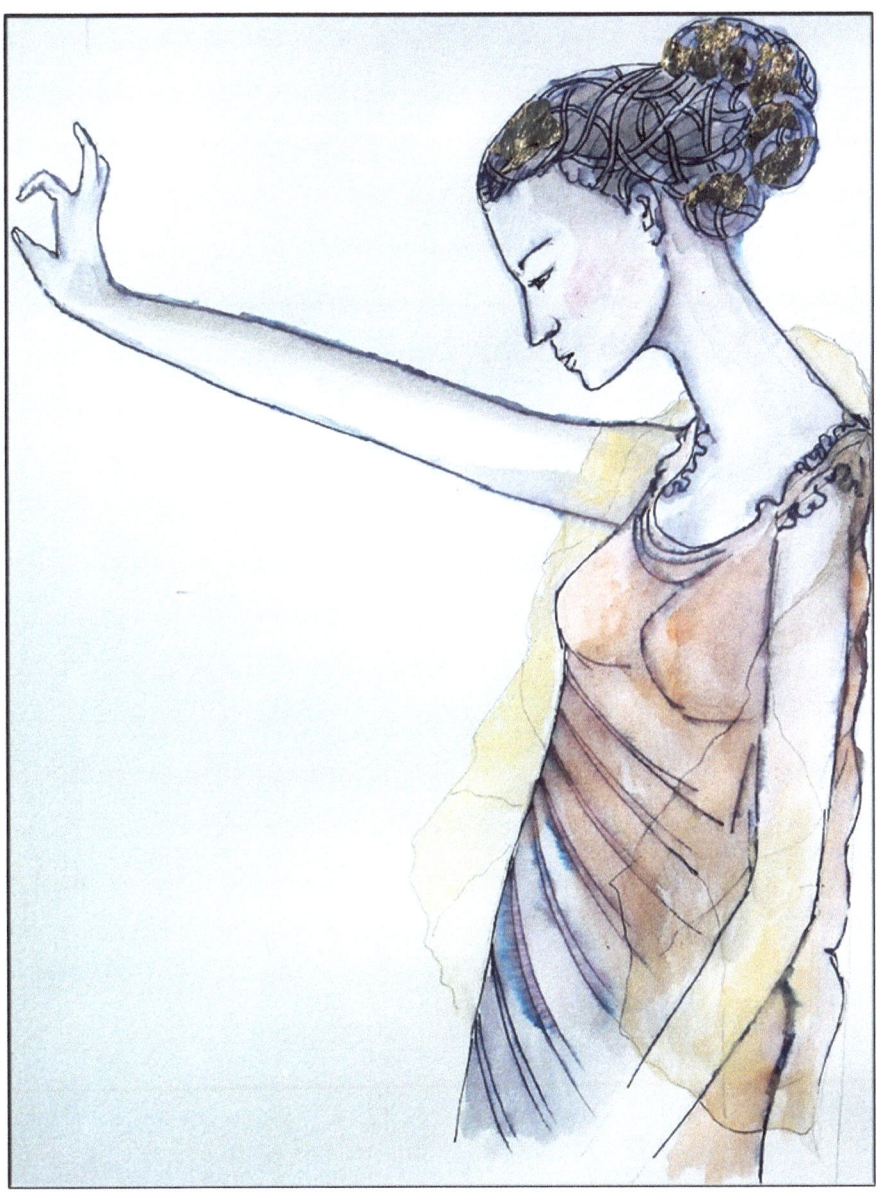

DA DONNA A DEA

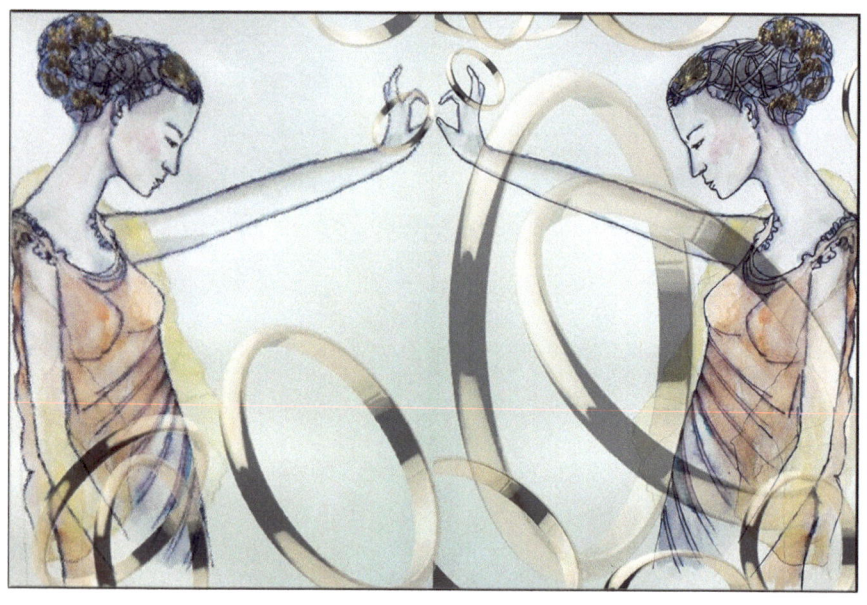

DA DONNA A DEA

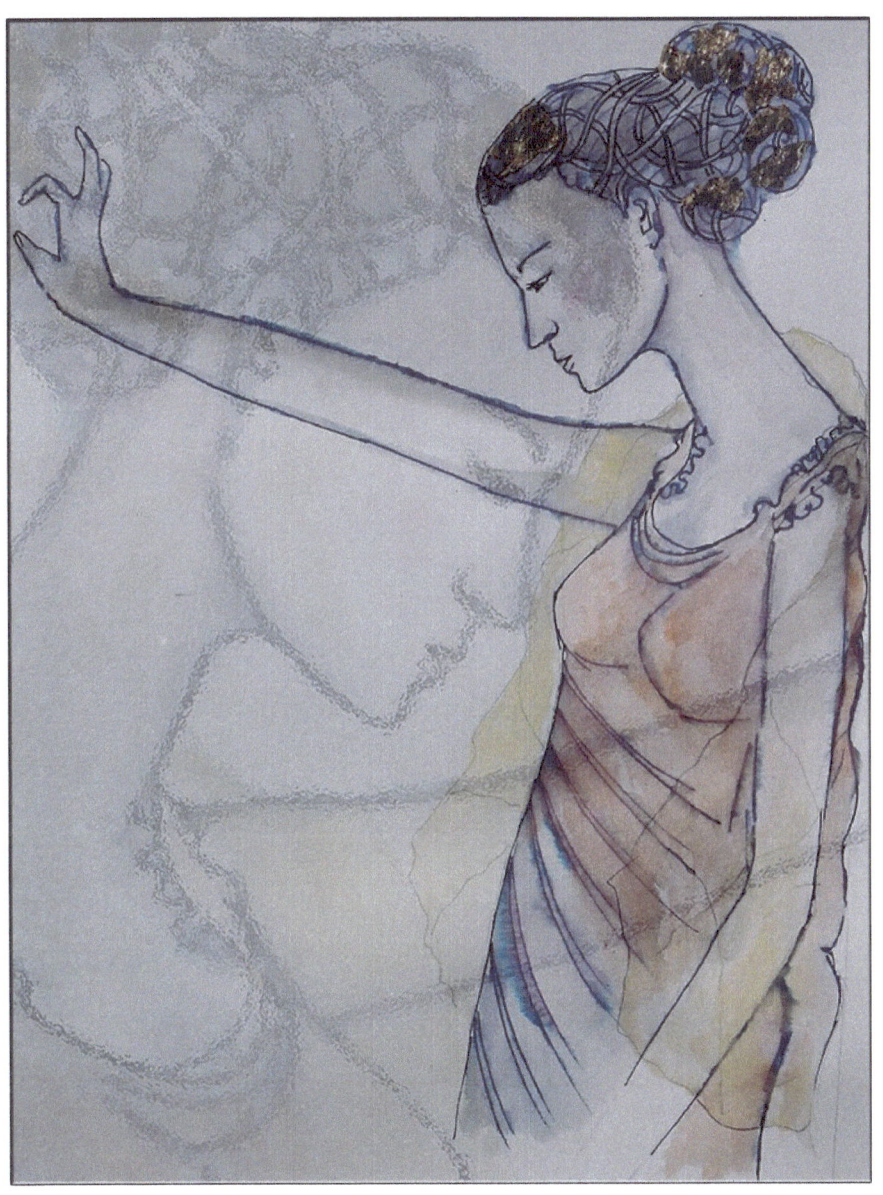

"Vivo la mia relazione d'amore con equilibrio e trovo i miei spazi personali nella coppia"

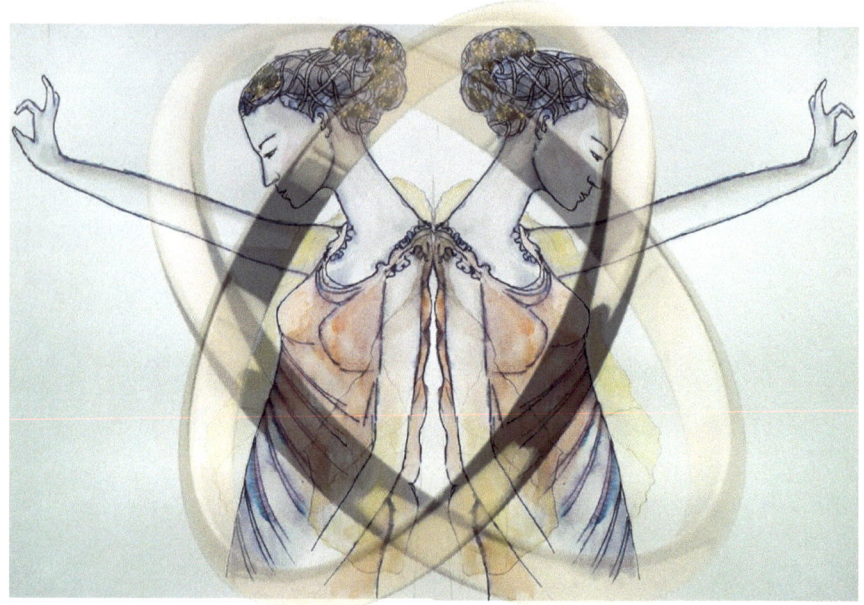

Capitolo secondo

DEMETRA

La madre

Demetra nella mitologia greca è la sorella di Zeus con cui concepì l'adorata figlia Persefone.

Un giorno però Persefone scomparve e Demetra vagò disperata in cerca della figlia senza però riuscire a trovarla.

Il dolore era così forte che Demetra smise di nutrire la terra e la rese morente (autunno e inverno). Questo portò ad una carestia e Zeus decise di intervenire, intercesse per Demetra e Persefone fu restituita, anche se solo temporaneamente, alla madre (primavera).

Questa dea è l'archetipo della Grande Madre, della nutrice.

La donna Demetra è colei che nutre gli altri con il suo amore. Non deve essere necessariamente madre biologica, che è soltanto un aspetto, un momento di vita di questo archetipo.

La donna Demetra è colei che si prende cura degli altri portando nutrimento sia fisico che emotivo e spirituale.

La donna Demetra concepisce la sua felicità e realizzazione personale solo dando benessere agli altri.

La sua maggiore qualità è la generosità, la capacità di accudire, la perseveranza non dandosi per vinta.

Rabbia e depressione sono il pericolo per la donna Demetra quando viene a mancare il soggetto del suo accudimento.

DA DONNA A DEA

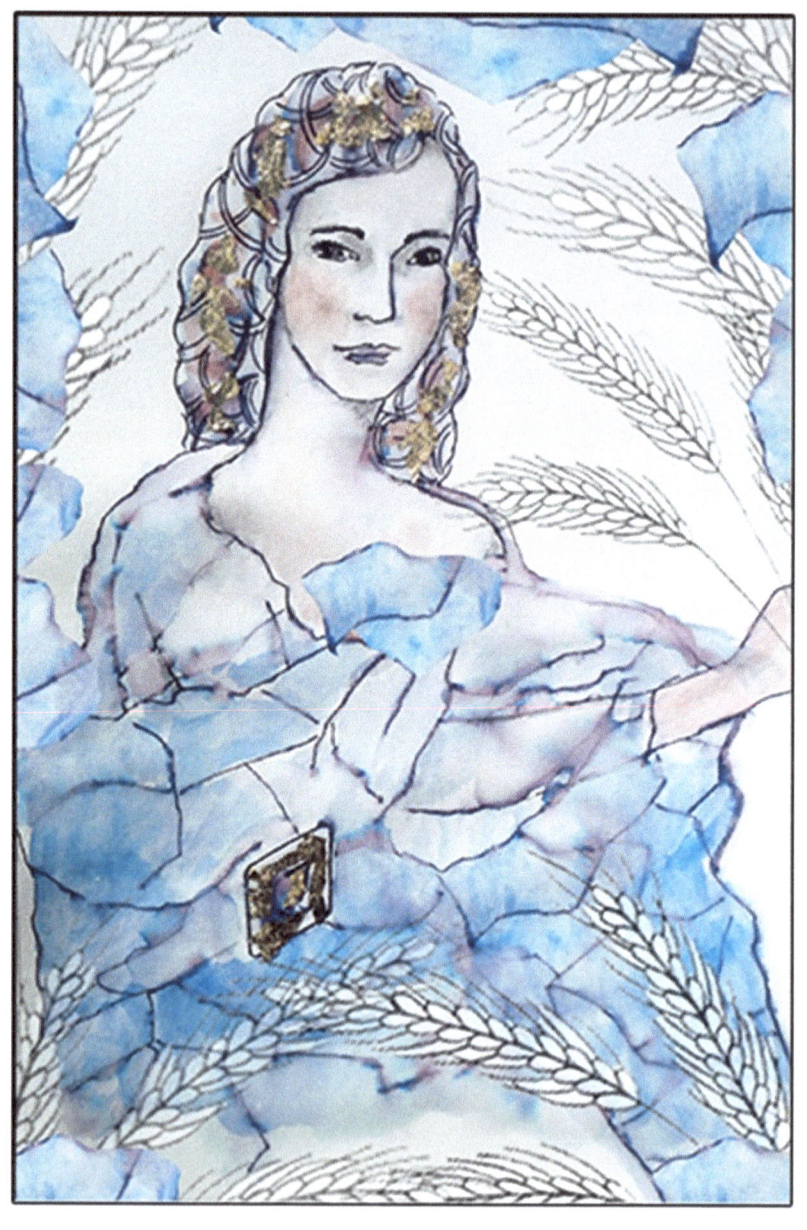

DA DONNA A DEA

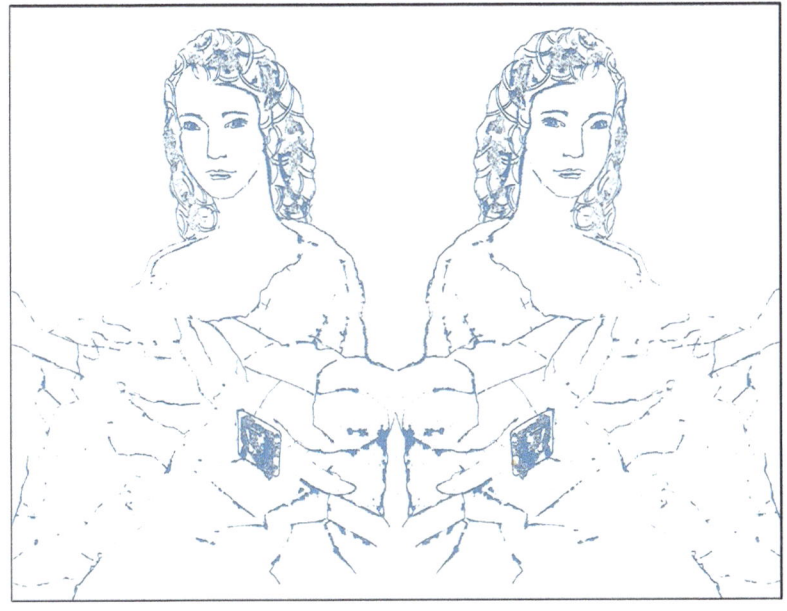

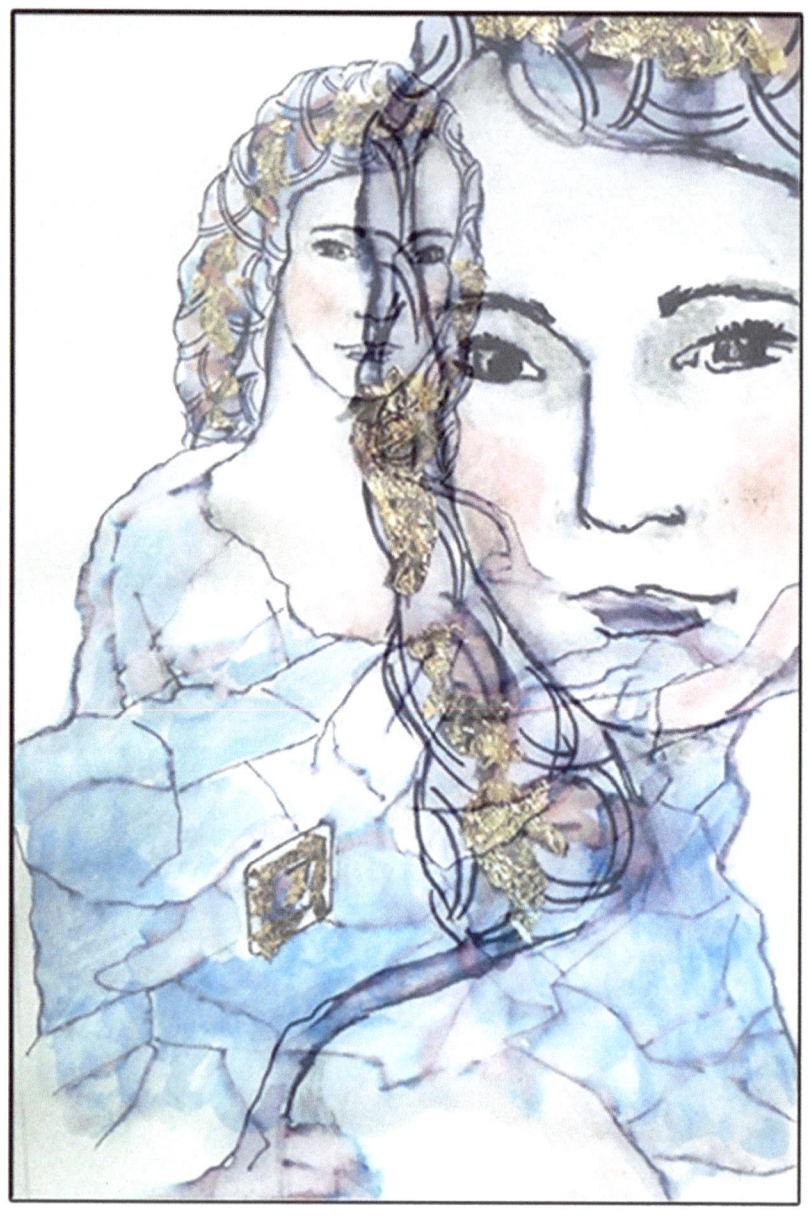

"Sono madre e lascio che i miei figli trovino la loro autonomia.
Riconosco il mio materno"

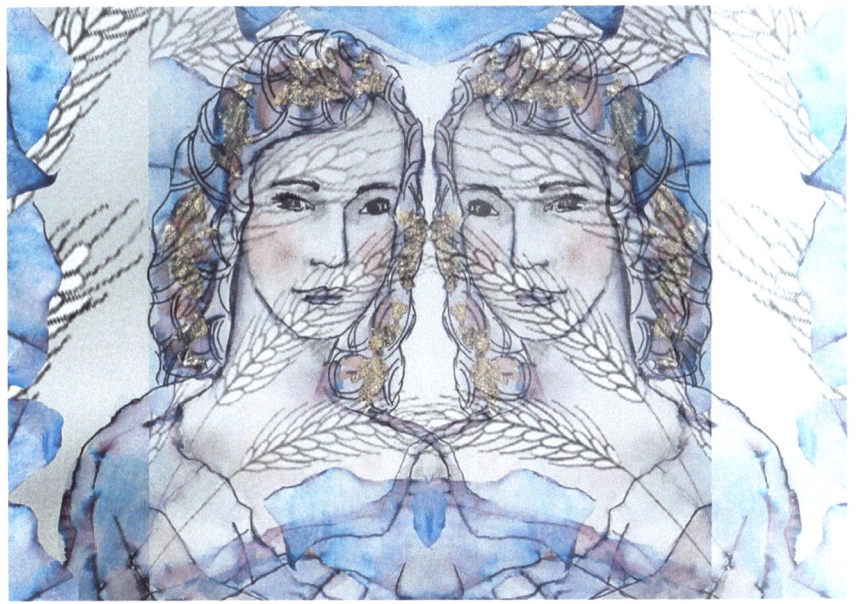

Capitolo terzo

ESTIA

Il focolare

Estia è la dea vergine per eccellenza. Sorella maggiore di Zeus al quale chiese di mantenere la sua verginità. Zeus esaudì il suo desiderio e in cambio ottenne un grande onore ed Estia venne celebrata in ogni casa come dea del focolare.

Questa dea Jung la definiva quasi puro spirito in quanto le mancava la maschera sociale.

Il focolare di Estia non è solo il calore domestico, accogliente e protettivo, ma è anche il sacro fuoco della spiritualità.

L'archetipo di questa dea è infatti il concentrare la propria attenzione al mondo interiore, ai valori e significati profondi della propria esistenza.

La donna Estia ha come punti di forza l'accoglienza, il calore, l'ordine e la pulizia. E' una guida spirituale. Equilibrio e stabilità.

La debolezza per contro è l'isolamento, un'introversione che porta a solitudine.

DA DONNA A DEA

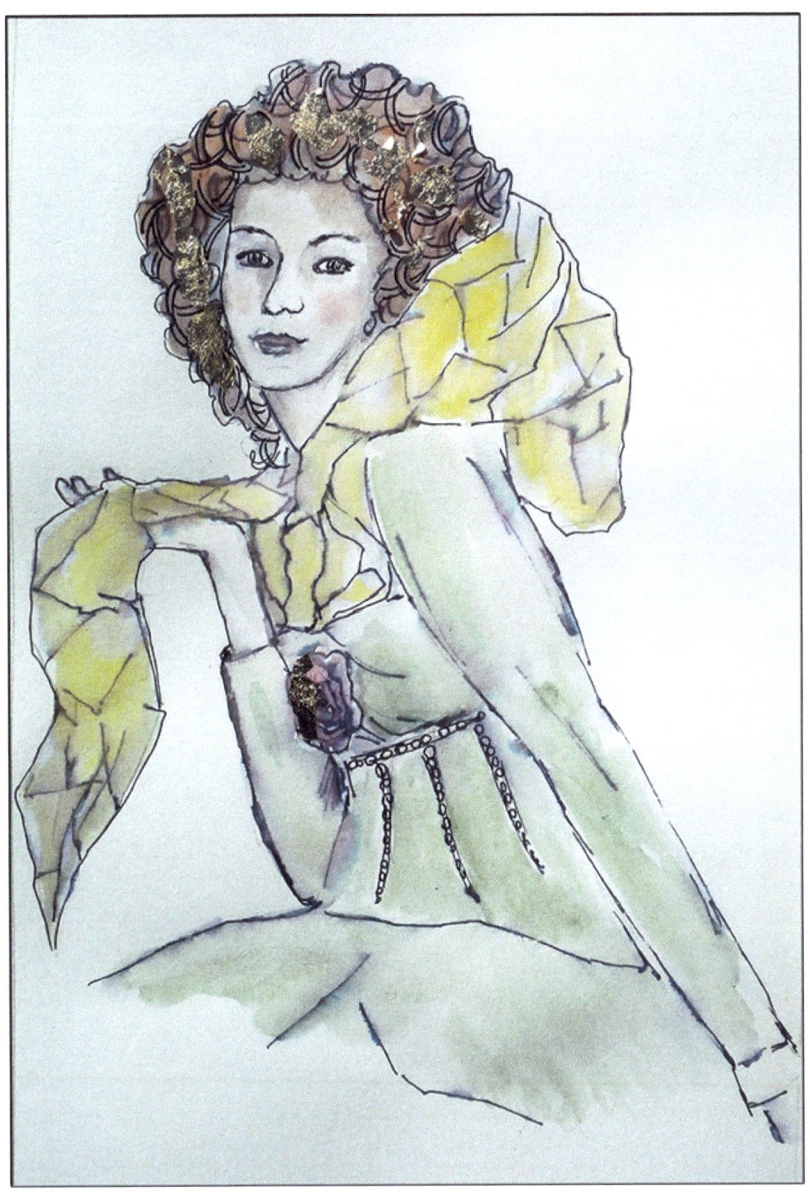

DA DONNA A DEA

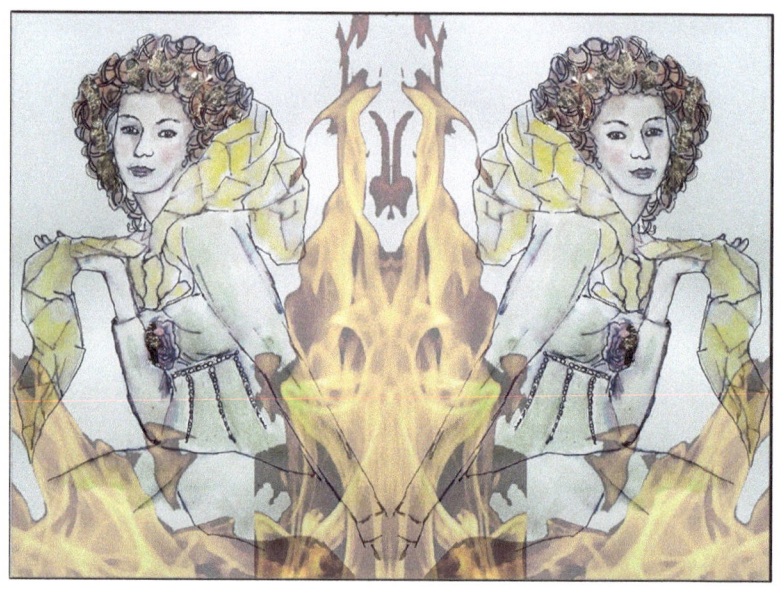

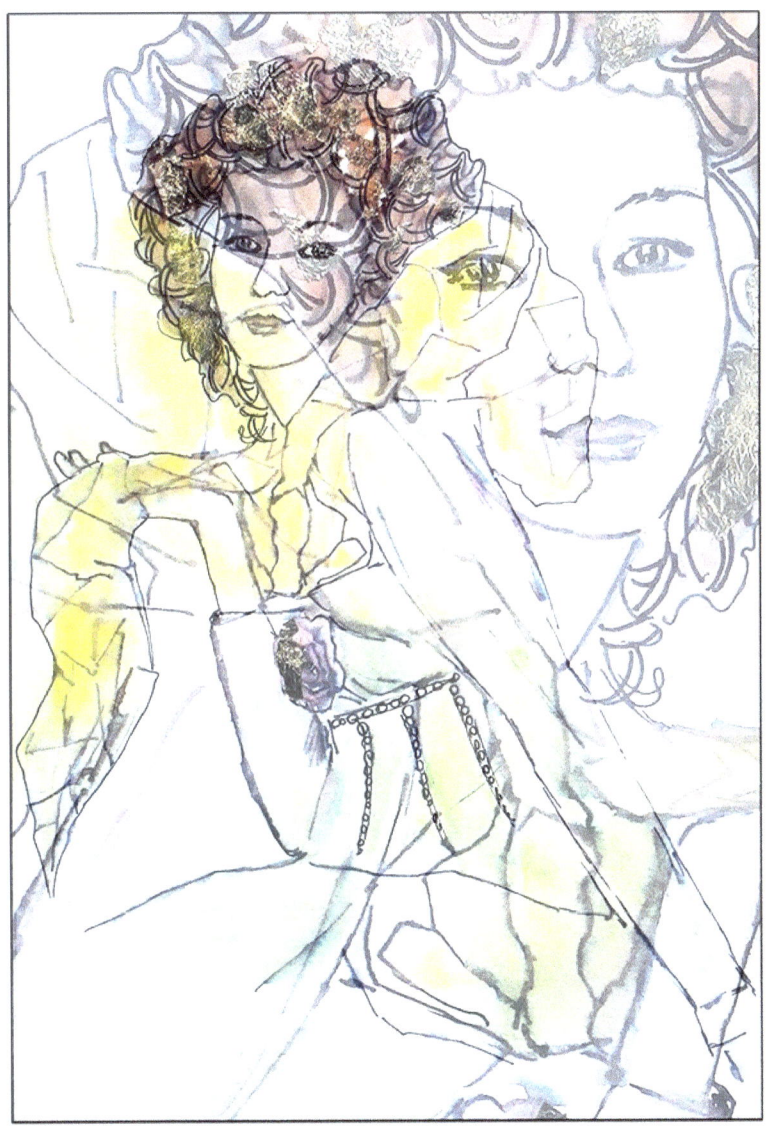

DA DONNA A DEA

"Mi prendo cura del mio mondo interiore, sviluppo la mia spiritualità senza isolarmi dal mondo"

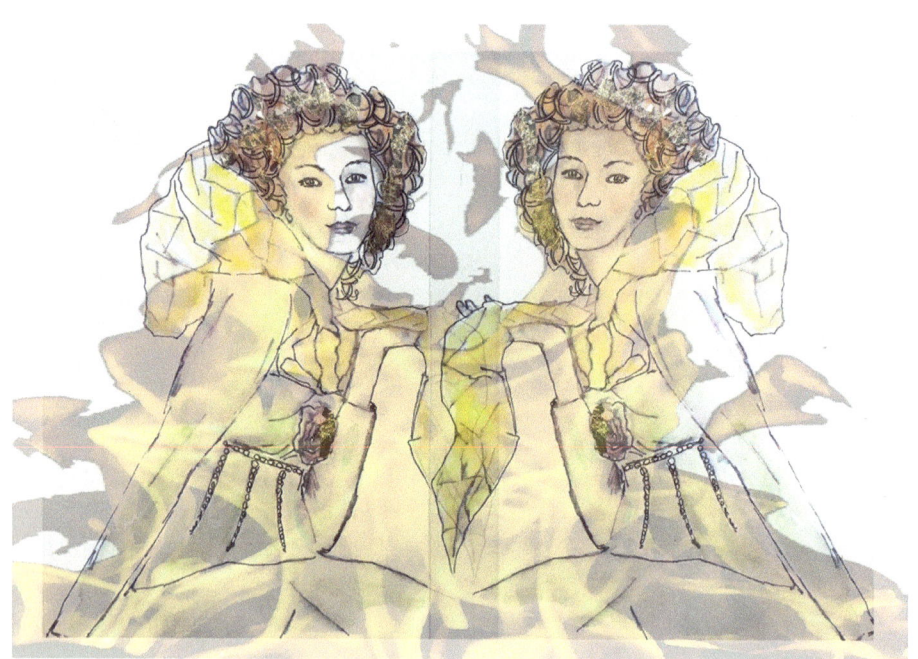

Capitolo quarto

ATENA

La razionalità

Atena nacque dalla testa di Zeus già adulta e ricoperta da un'armatura.

L'archetipo di questa dea è il pensiero, la razionalità del femminile. E' l'indipendenza intellettuale.

La donna Atena è una donna razionale, estremamente intelligente, in grado di elaborare e sviluppare pensieri complessi.

E' la donna in carriera, e l'elemento principale della sua vita è proprio il successo professionale.

Le sue qualità sono l'essere capace, il senso di giustizia, di imparzialità ed obiettività.

Per contro essendo un femminile "tutta testa" ha difficoltà ad ascoltare il proprio corpo. Quando questo archetipo è in eccesso questa donna può diventare fredda e troppo razionale trascurando "il cuore". Anche Atena è una dea vergine quindi possiamo dire che questa è una donna che può fare a meno dell'uomo.

DA DONNA A DEA

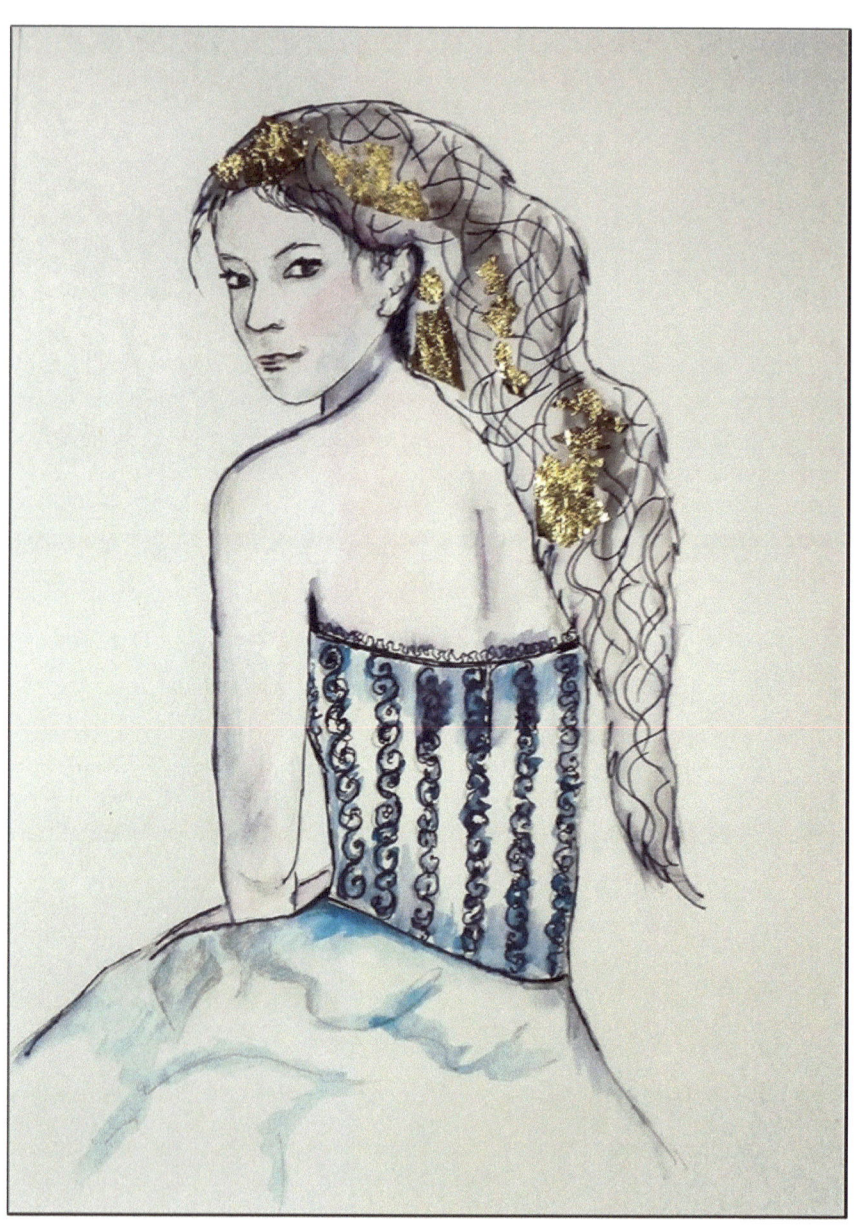

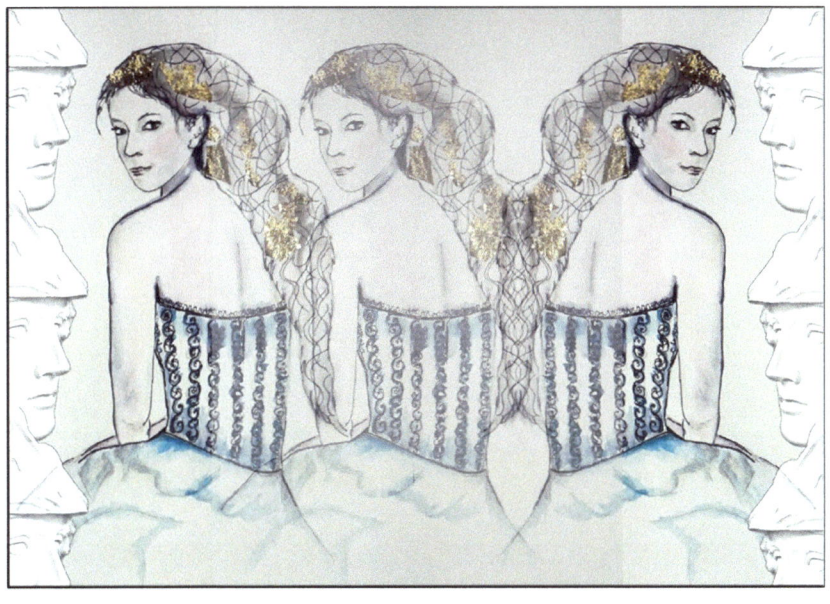

DA DONNA A DEA

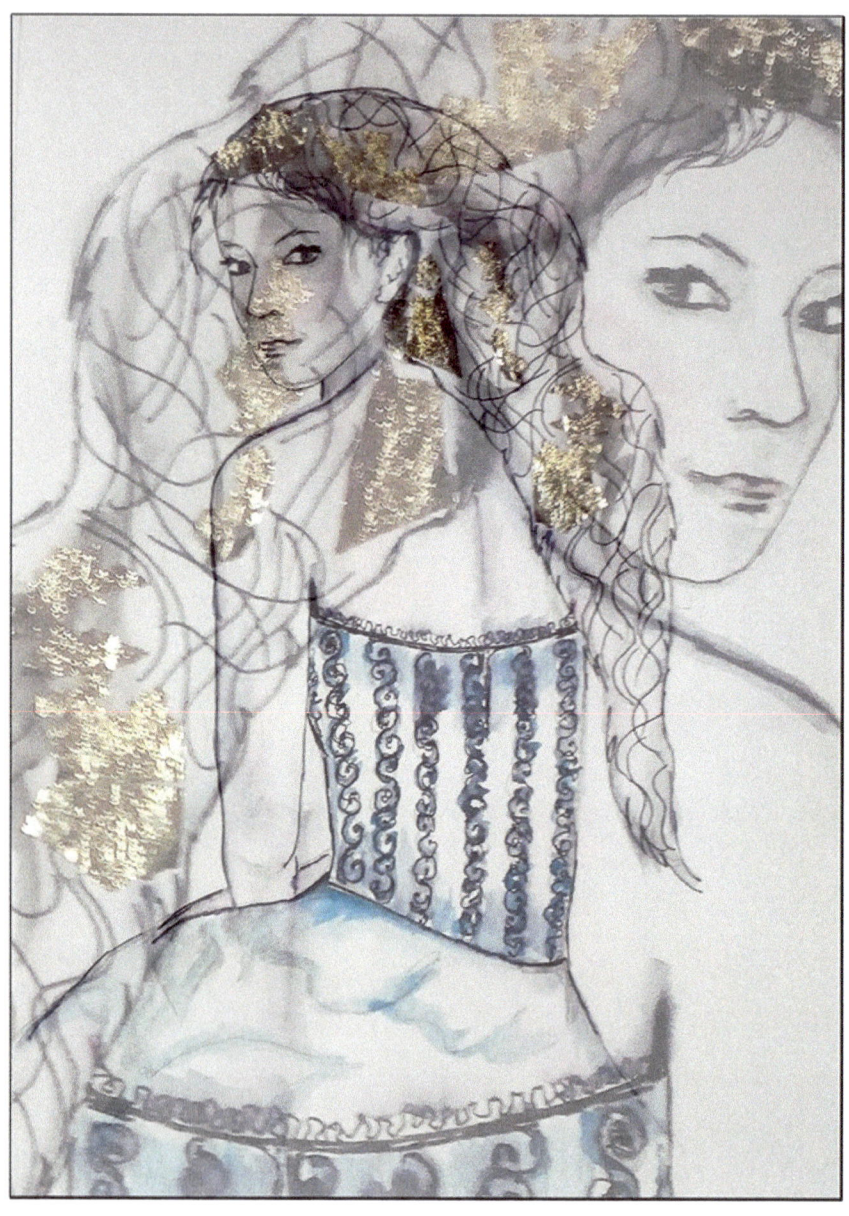

"Ho una chiara visione delle situazioni della vita che gestisco con intelligenza e saggezza".

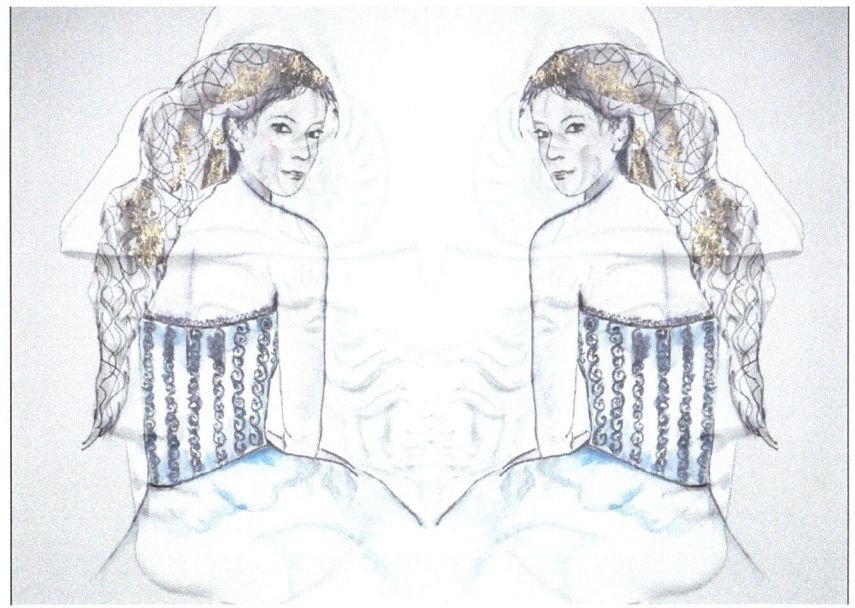

Capitolo quinto

ARTEMIDE

L'indipendenza

Artemide è la terza dea vergine, figlia di Zeus il quale esaudisce i desideri della figlia donandole come da lei richiesto cani da caccia, cervi che tirino il suo carro e ninfe come compagne di caccia. Vive nella natura ed è la dea della caccia e assiste le donne nel parto.

L'archetipo di questa dea è l'indipendenza.

La donna Artemide è una donna indipendente dagli uomini, autosufficiente, difende la propria libertà e lotta per ciò in cui crede.

E' un'idealista, è il simbolo della donna femminista ed ecologista in quanto amante della natura incontaminata.

Le relazioni più importanti le ha con le altre donne. Una sacra sorellanza, dove le donne non sono rivali ma sorelle appunto, che difende a spada tratta in caso subiscano ingiustizie.

Vive della passione per ciò in cui crede e per ciò che fa.

I punti di forza della donna Artemide sono il coraggio, la forza, l'idealismo, la razionalità, l'indipendenza.

I suoi punti deboli invece sono una rabbia sproporzionata di fronte alle ingiustizie, tale da renderla quasi spietata. E' incapace di accettare le debolezze altrui, di perdonare e di provare empatia.

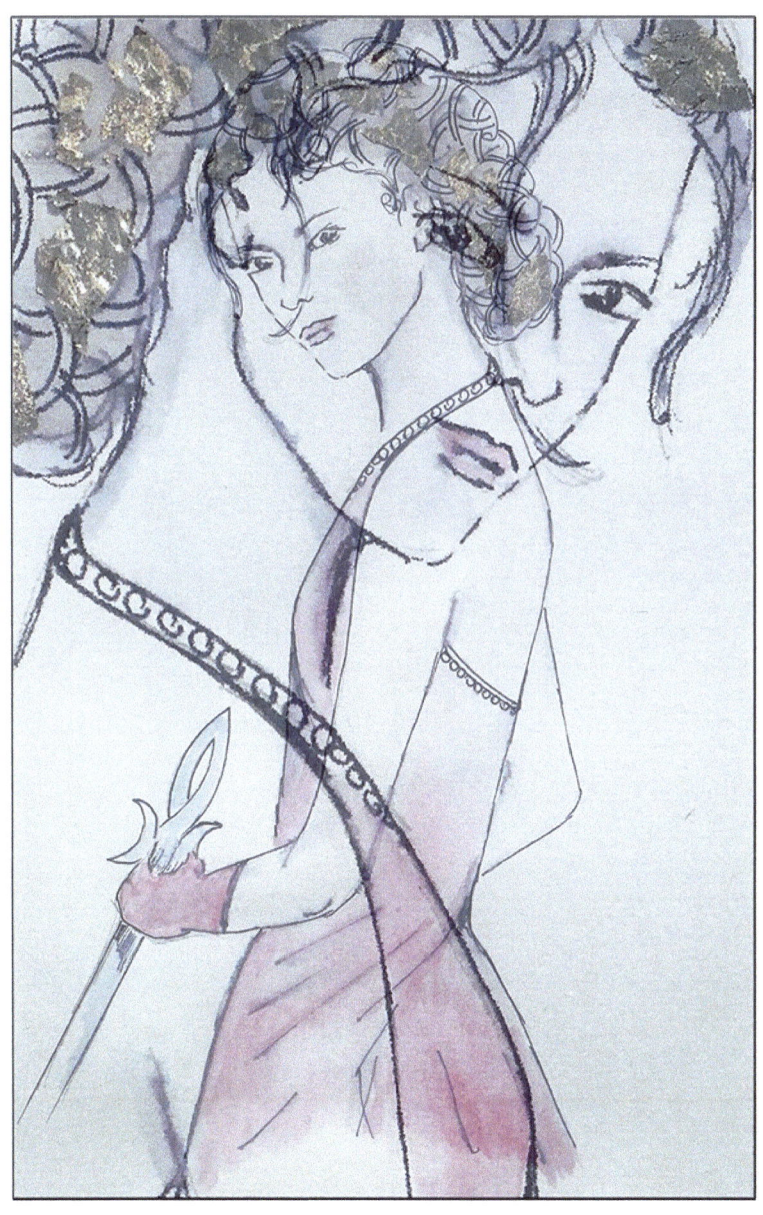

DA DONNA A DEA

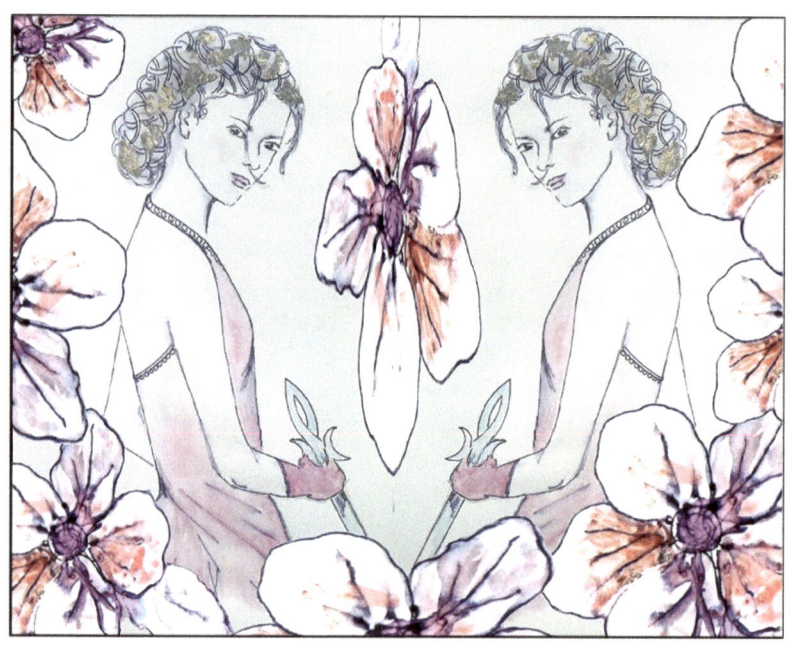

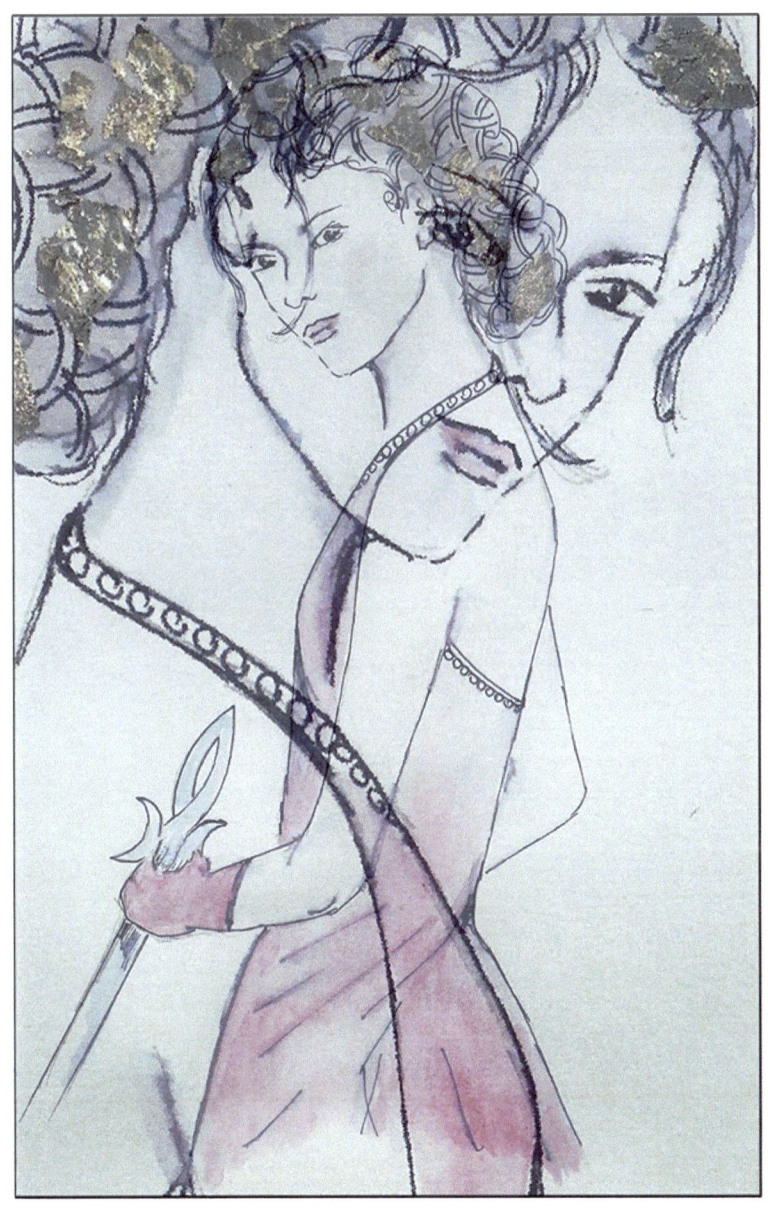

"Sono indipendente e realizzo i miei progetti mantenendo saldi i miei principi. Imparo a provare empatia".

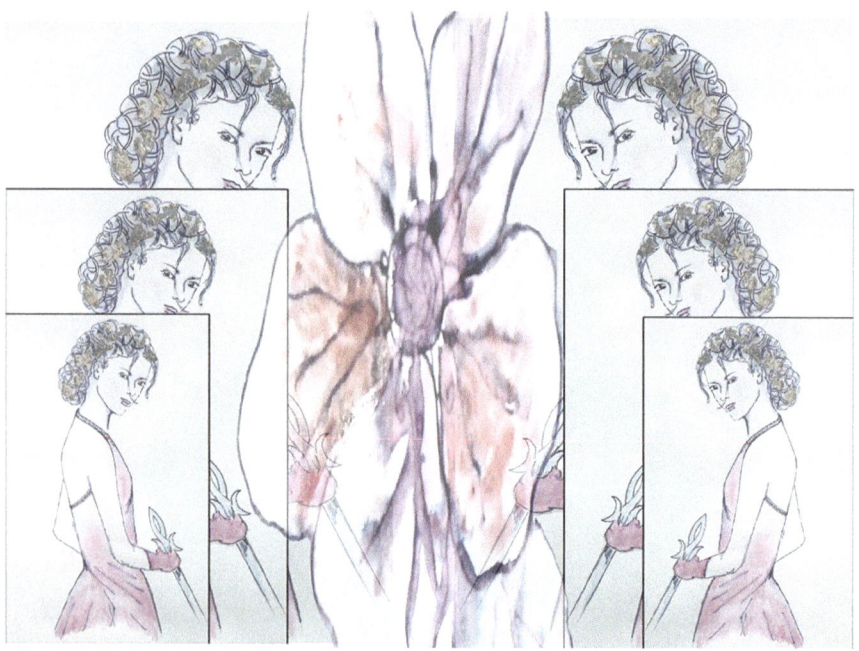

Capitolo sesto

PERSEFONE

La figlia

Persefone è l'eterna figlia di Demetra. Rapita da Ade con il quale vive quattro mesi dell'anno diventa regina degli inferi e per i restanti otto mesi viene restituita alla madre.

Questa dea vive l'ambivalenza tra fanciulla e regina degli inferi.

L'archetipo di Persefone è il mondo dell'inconscio, della psiche profonda da un lato e dall'altro lo sguardo della bambina giovane e "fresco" sul mondo.

E' la donna-anima che si conforma all'idea dell'uomo. Ha difficoltà a scegliere ed agire, preferisce aspettare che sia qualcun altro che lo faccia per lei. Si adatta alla volontà e ai desideri altrui.

I suoi punti di forza sono una grande immaginazione e creatività. E' una donna dolce e profonda, adattabile.

La sua debolezza invece è avere una personalità fragile e dipendente.

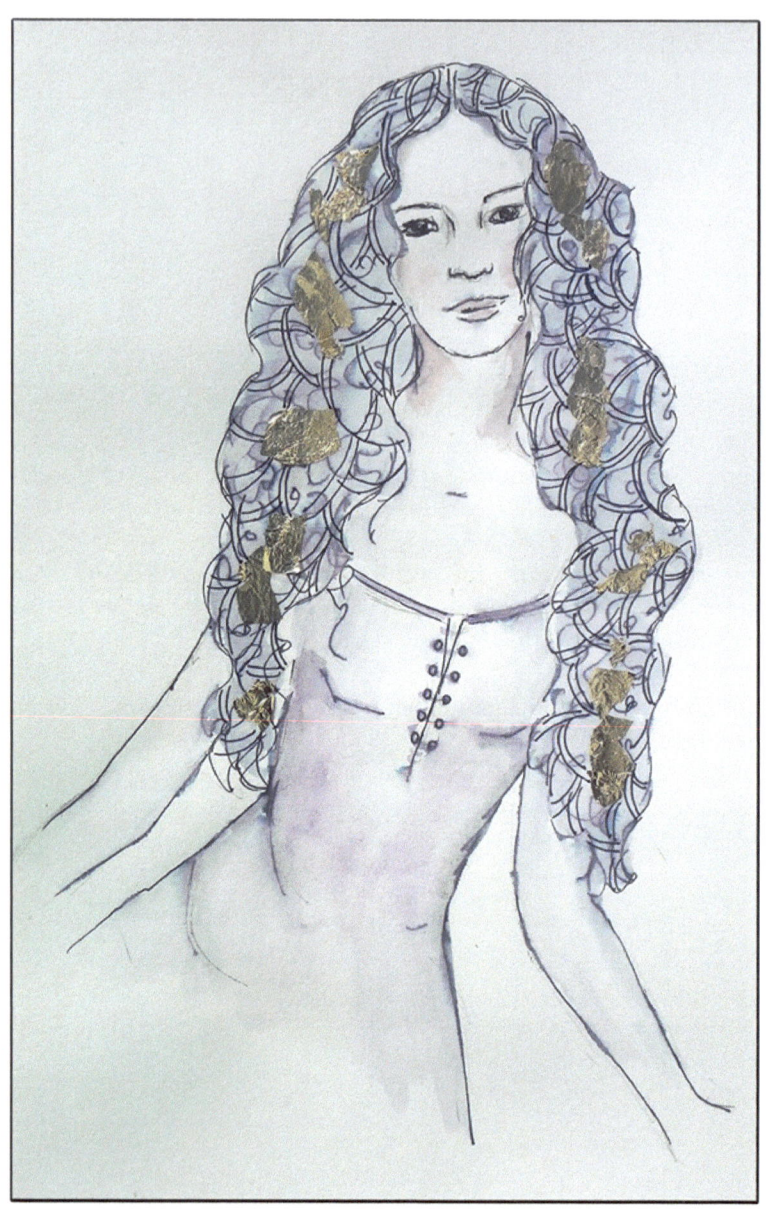

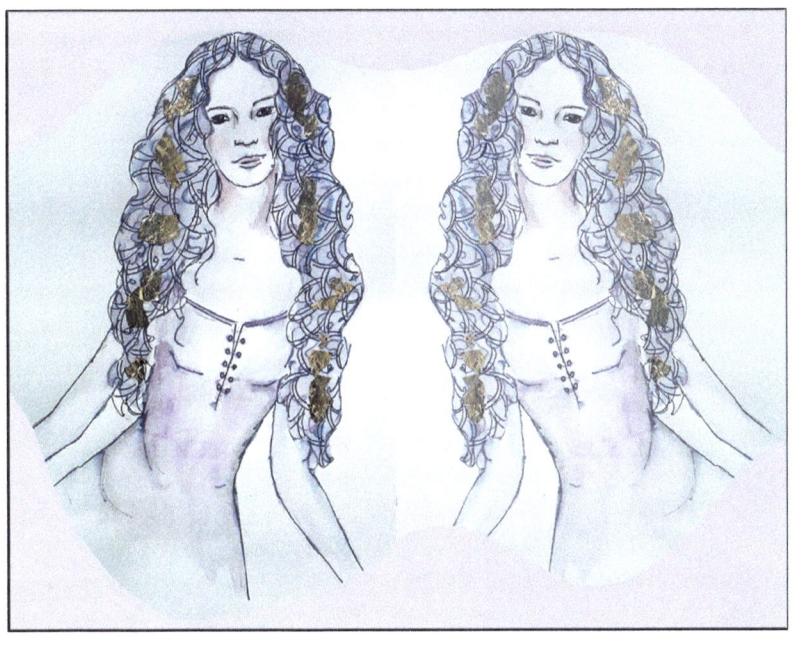

DA DONNA A DEA

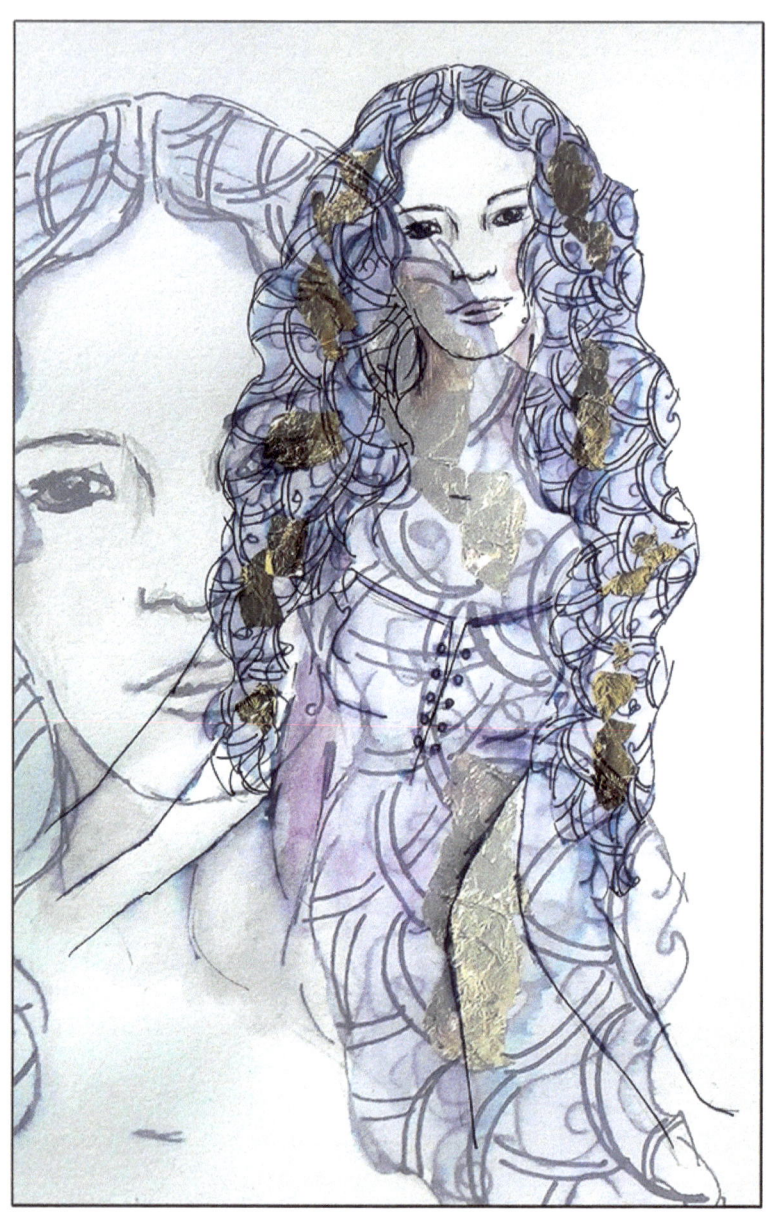

"Sono creativa e ascolto la voce del mio inconscio. Scelgo di diventare grande"

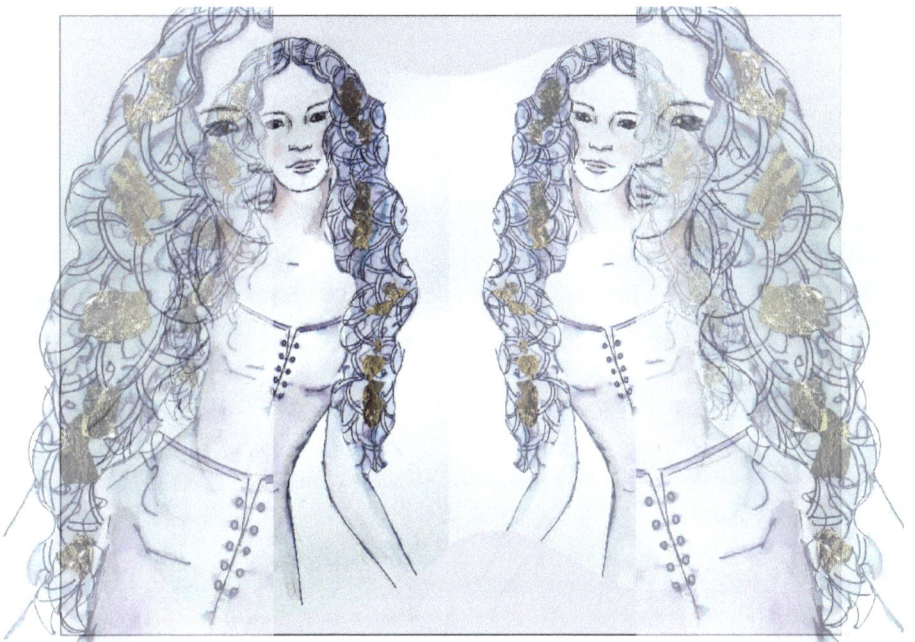

Capitolo settimo

AFRODITE

L'amante

Figlia di Zeus Afrodite è considerata la più bella di tutte alla quale nessuno può resistere.

Afrodite è l'amore passionale. E' l'archetipo della sensualità. Estroversa si innamora facilmente e con altrettanta facilità ne resta delusa.

La sua è una passione creativa. Vive il qui ed ora dei sensi. Ama la bellezza.

Nelle relazioni lei detiene il potere.

La donna Afrodite ama la sensualità, stare al centro dell'attenzione.

Tra le sue qualità ci sono la capacità di seduzione, l'essere attraente e sensuale. Usa la sua bellezza e sensualità come potere nella relazione.

Quando questo archetipo è in eccesso la donna Afrodite diventa egocentrica, narcisista e pur di sentirsi attraente e desiderata intraprende relazioni che risulteranno negative.

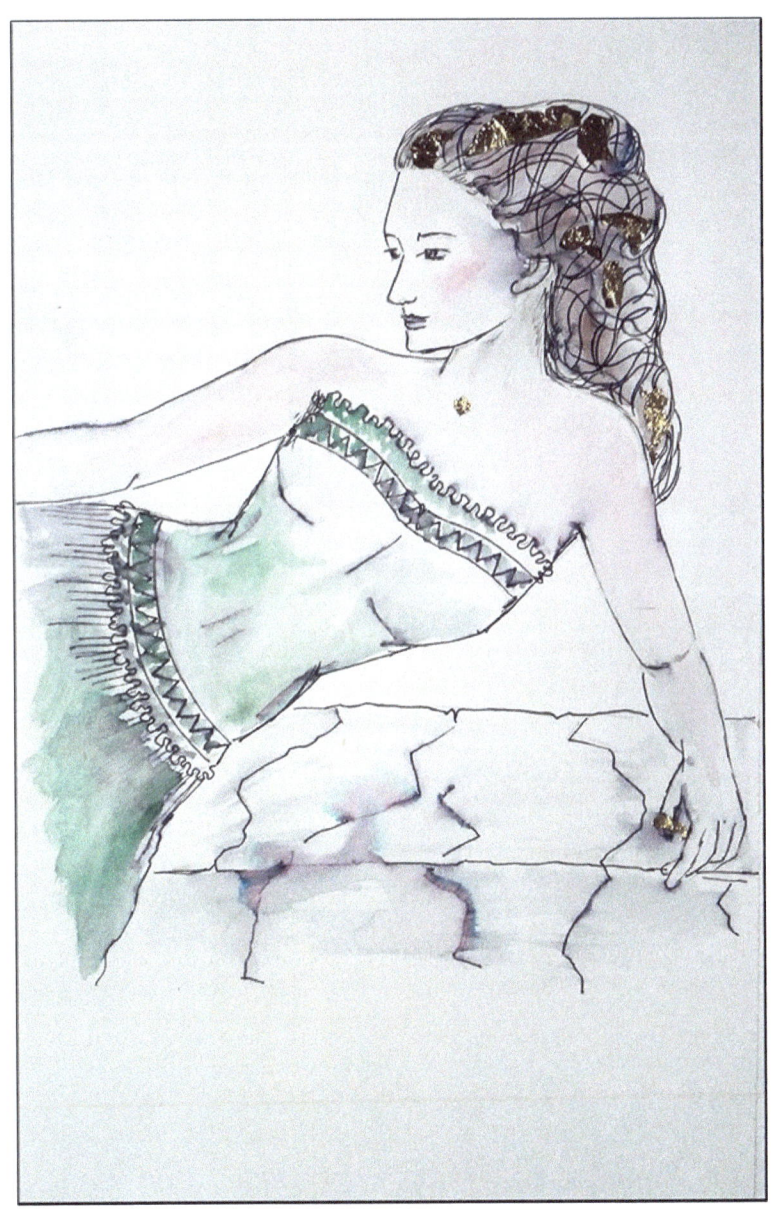

DA DONNA A DEA

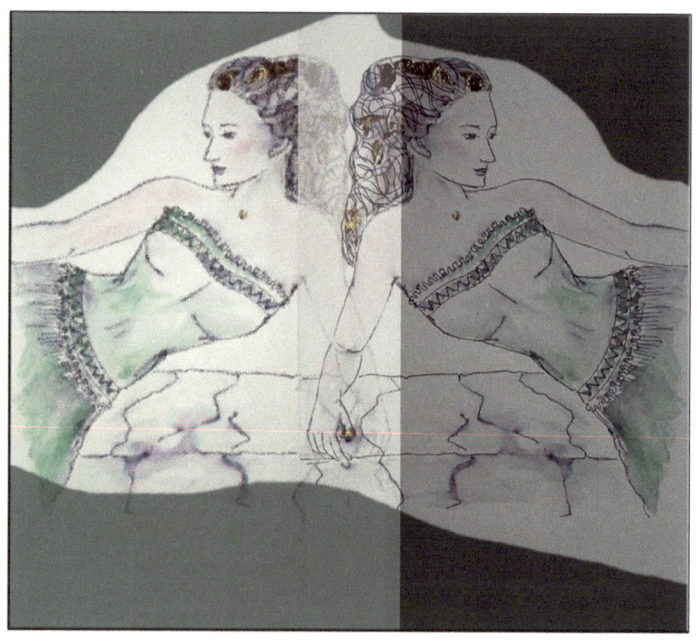

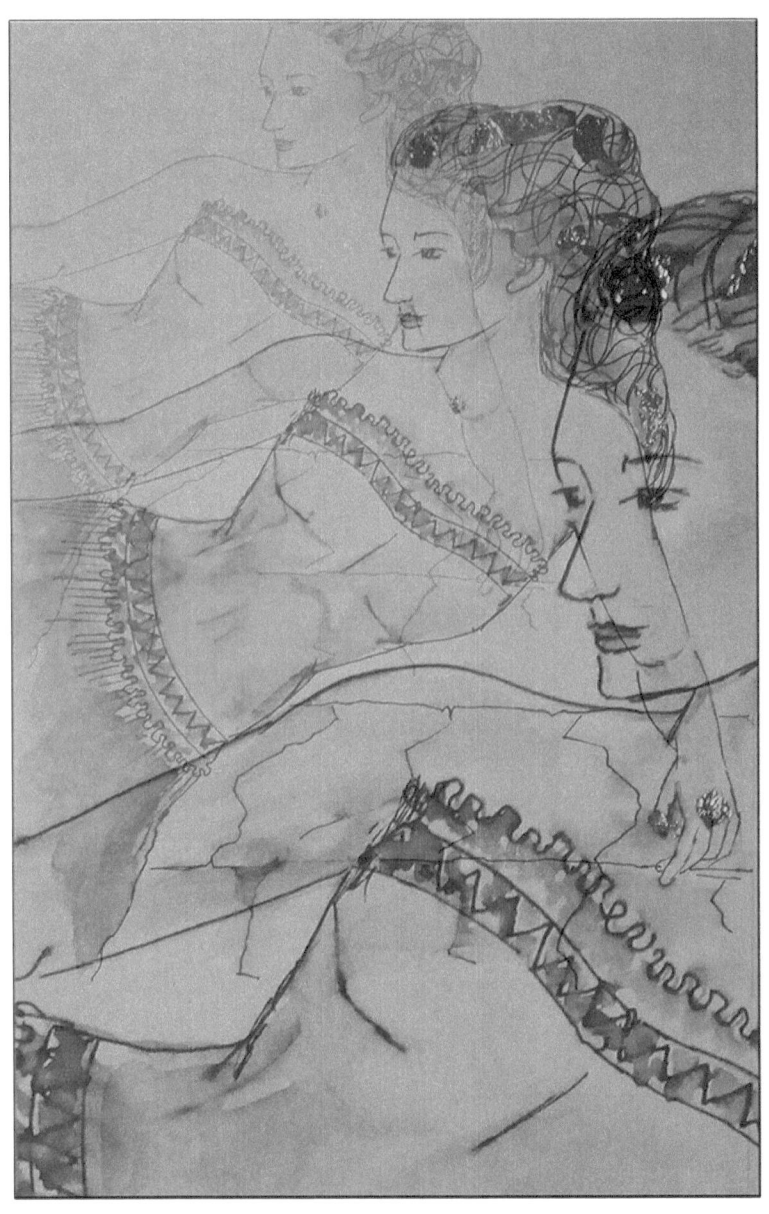

"Vivo la mia sensualità in armonia con il mio corpo. Imparo ad amare me stessa e gli altri con equilibrio".

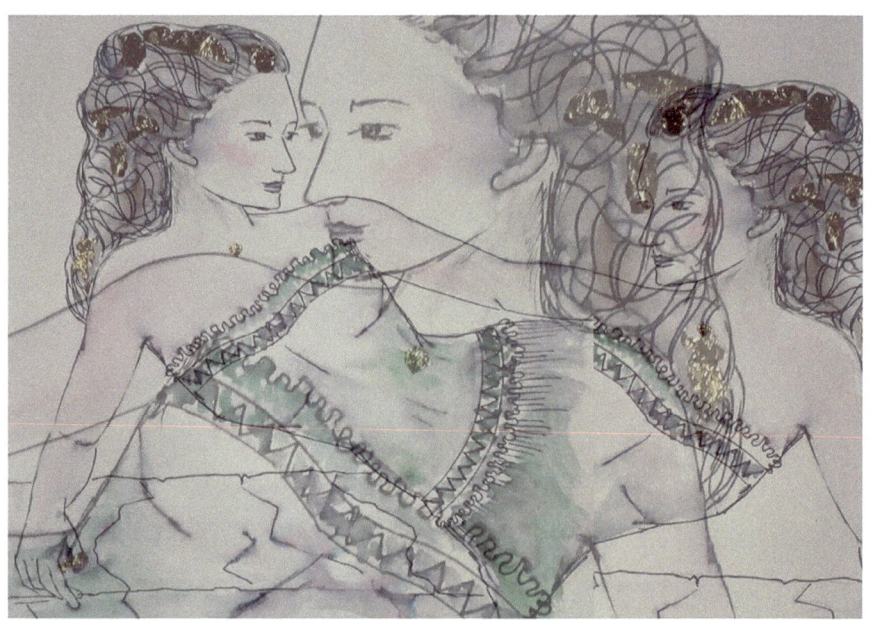

Capitolo ottavo

LA SIGNORA DI AVALON

La Maga

La leggenda celtica della Signora di Avalon rappresenta la Donna Sacerdotessa – Maga, il mistero, la Spiritualità.

La leggenda vuole che Avalon fosse una terra circondata da un lago e nascosta dalla nebbia e che solo le Sacerdotesse potessero "aprire" le nebbie per permetterne l'accesso. Un percorso interiore nelle acque del proprio inconscio per integrarne l'Ombra e togliere il velo dell'illusione.

Abbiamo deciso di inserirla malgrado non faccia parte della mitologia classica greca o romana perché per noi incarna la saggezza femminile, la donna che ha integrato dentro di sé gli archetipi delle Dee e che si è trasformata, si è evoluta.

La Signora di Avalon è una donna che non ha avuto paura di guardare dentro di sé, di osservare la propria Ombra, di accettarla ed integrarla.

E' una donna che si fida del proprio intuito, che ha sviluppato tutti i "poteri" femminili, ne ha compreso il senso più profondo riscoprendo il Sacro Femminino che unisce tutte le donne di tutto il mondo.

La Signora di Avalon è la donna che ha scoperto la Magia, intesa come la Guarigione dell'anima.

La Donna di Avalon ha particolarmente sviluppato il senso della vista, uno sguardo rivolto verso l'interno, capace di cogliere tutto il proprio potenziale e svilupparlo al meglio delle sue capacità.

E' una donna che ha scoperto il proprio Talento, cioè quella capacità auto trasformatrice che ognuno di noi ha e che ci guida nella vita facendoci trovare nel luogo giusto al momento giusto.

E' una donna che usa la meditazione per trovare se stessa o semplicemente per dedicarsi del tempo, ha degli hobbies che coltiva con passione, è di sostegno e sorella nei confronti delle altre donne. E' una donna che ha trovato il suo posto nel mondo.

Le debolezze della donna di Avalon possono essere una ricerca eccessiva all'isolamento, vivere la spiritualità per sentirsi superiori agli altri, un femminismo ideologico fine a se stesso.

DA DONNA A DEA

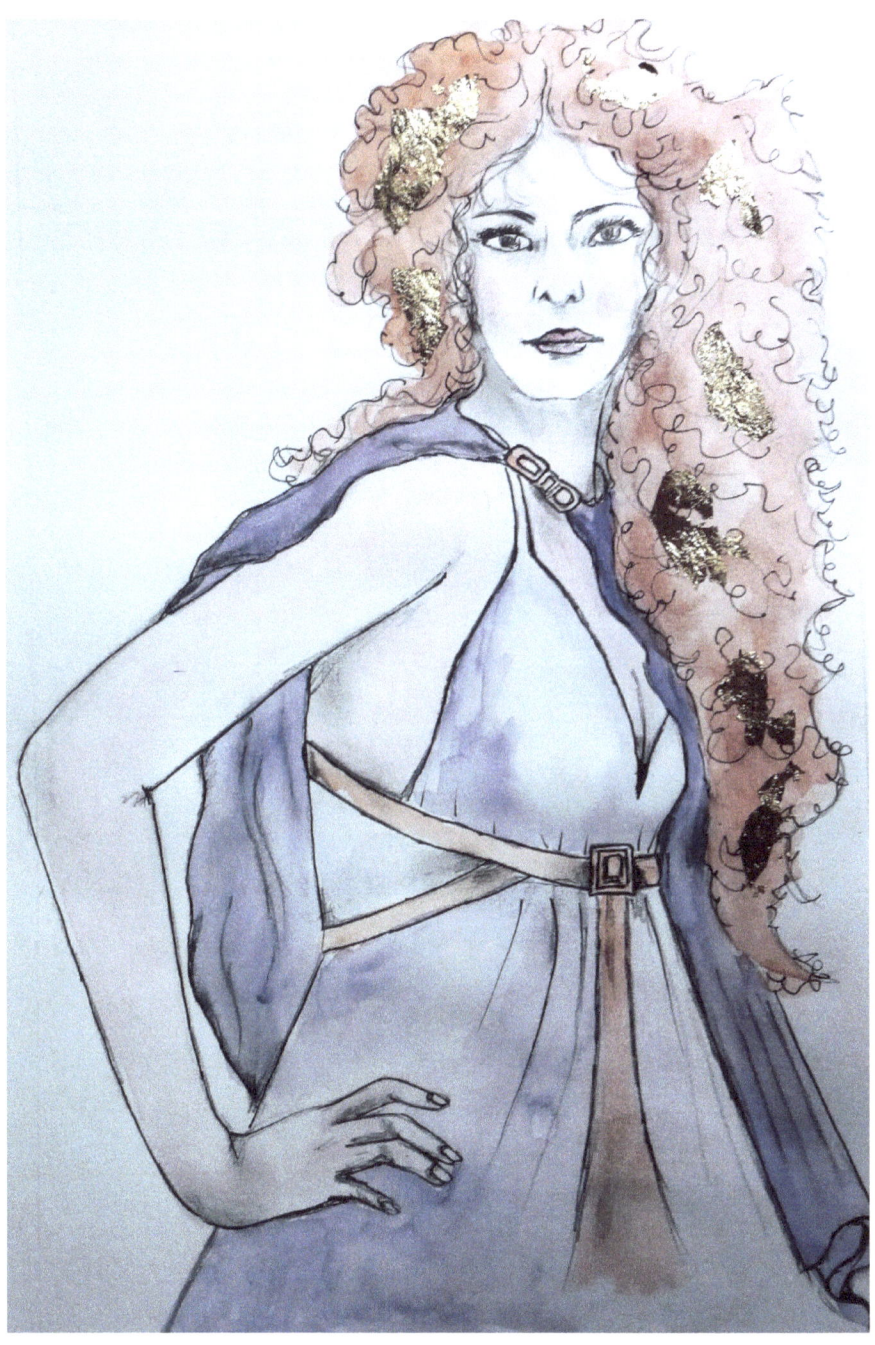

DA DONNA A DEA

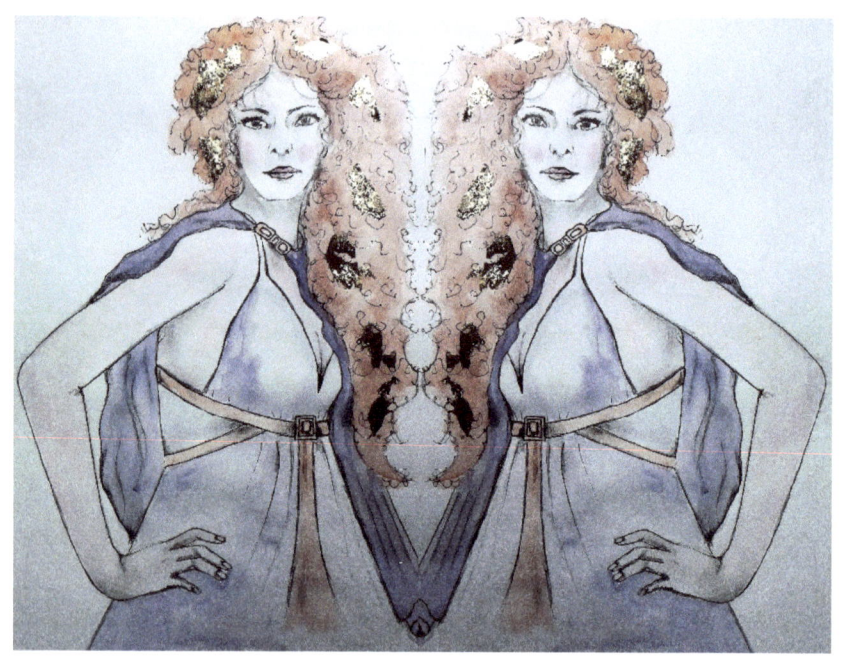

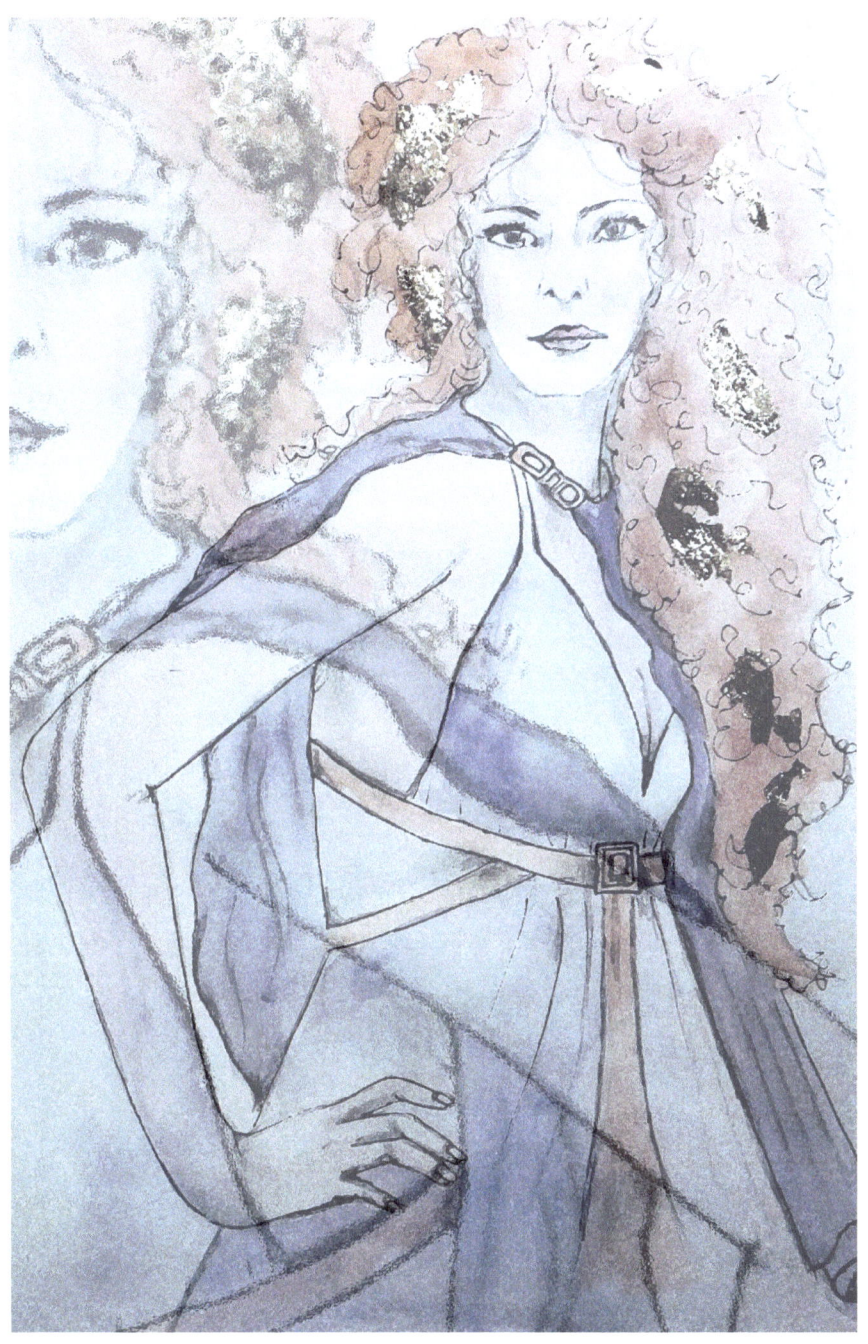

DA DONNA A DEA

"Ho trovato il mio posto nel mondo, vivo nel qui ed ora.
Ho guarito la mia Anima e sono di sostegno alle mie sorelle."

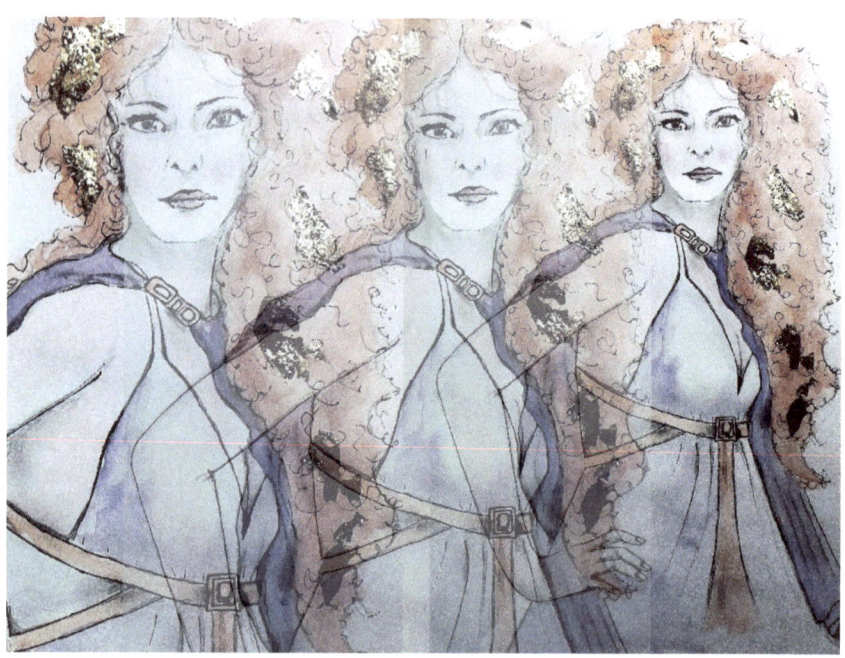

CRISTINA GNOATO

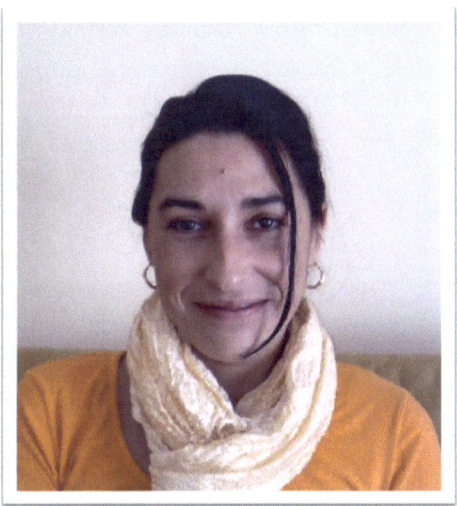

Cristina Gnoato, nata a Milano nel 1968, è Naturopata diplomata presso l'Istituto Riza di Medicina Psicosomatica e Ricercatrice Olistica. Da anni si occupa di benessere della Persona finalizzato all'armonia di corpo, mente e spirito. Specializzata in kinesiologia applicata, lettura del corpo in psicosomatica, tecniche immaginative e di rilassamento, tecniche di massaggio della scuola Orientale ed Occidentale, Reiki.
Propone incontri formativi ed esperienziali di Naturopatia e di Risveglio Spirituale attraverso un processo di crescita personale.
Coautrice del libro **Il Mangiar sano dell'anima** edito da Youcanprint.
E' fondatrice del metodo olistico **Kintsugi Healing**®
Operatrice di **biorisonanza – medicina quantistica**

e-mail: ilmandala@gmail.com
Sito web: www.cristinagnoato.it

CINZIA BIANUCCI

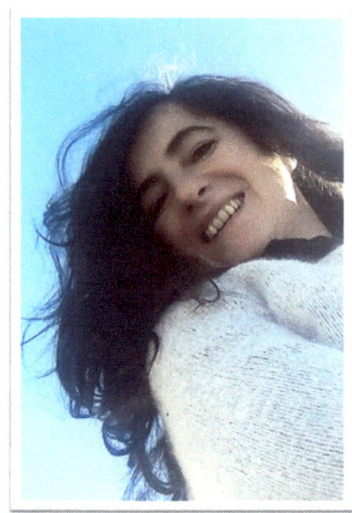

Artista e Designer. Nata a Magenta (Milano) nel 1963.
Sostenuta dalla sua passione per l'arte ha praticato da sempre ininterrottamente il disegno, la pittura e il design. La frequentazione costante con artisti e creativi ha rafforzato la sua esperienza.
Nella sua attività opera costantemente con un rapporto interdisciplinare tra arte, design e sviluppo di programmi culturali
Attiva a diverso titolo nel mondo dell'arte dal 1995 ha organizzato mostre ed eventi in collaborazione con Istituzioni pubbliche e private. Numerose le collaborazioni con personaggi eccellenti nel mondo della cultura, dell'arte e della regia. Dalla sua pluridecennale esperienza come creativa, nascono progetti ed accessori con ricerca di stile sempre all'avanguardia: una ricca selezione di idee di impatto comunicativo, figurativo e con risultati originali.
Con una sensibilità attenta a comprendere i segnali sottili del cambiamento che trasforma in espressione artistica, è sempre immersa in una ricerca continua.

e-mail: cinzia.bianucci@gmail.com
Sito web: www.cinziabianucci.it

INDICE

Presentazione	pag.	3
Introduzione	pag.	4
Era – La moglie	pag.	8
Demetra – La madre	pag.	13
Estia – Il focolare	pag.	18
Atena – La razionalità	pag.	23
Artemide – L'indipendenza	pag.	28
Persefone – La figlia	pag.	33
Afrodite – L'amante	pag.	38
La signora di Avalon – La magia	pag.	43
Note biografiche Cristina Gnoato	pag.	49
Note biografiche Cinzia Bianucci	pag.	50

DA DONNA A DEA

Finito di stampare nel mese di gennaio 2020
CINZIA BIANUCCI - CRISTINA GNOATO

Copyright © 2020
Testi: Cristina Gnoato
Illustrazioni: Cinzia Bianucci
Tutti i diritti riservati.
Codice ISBN: **9781655524509**

DA DONNA A DEA

www.ingramcontent.com/pod-product-compliance
Lightning Source LLC
Chambersburg PA
CBHW040328220526

45473CB00009B/2612